COMPAGNIES DES CHEMINS DE FER

DE

PARIS A ST-GERMAIN ET A VERSAILLES.

Lettre à M. le Ministre des Travaux publics.

COMPAGNIES

DES

CHEMINS DE FER DE PARIS A SAINT-GERMAIN

ET DE PARIS A SAINT-CLOUD ET VERSAILLES

(rive droite).

A Monsieur le Ministre des travaux publics.

Monsieur le Ministre,

Les chemins de fer de Saint-Germain et de Versailles (rive droite) ont été construits par deux compagnies distinctes, ayant chacune leur fonds social, leurs actionnaires, leurs charges et leurs droits spéciaux. Néanmoins, les nombreux points de contact qui existent entre elles, la nécessité de confondre leurs moyens d'exploitation, la redevance que l'une d'elles doit payer à l'autre pour l'usage d'une partie de sa ligne et de ses établissemens, liant étroitement leurs intérêts, la gestion en a été, en grande partie, confiée aux mêmes administrateurs.

Représentans de ces deux entreprises, et obligés pour toutes deux d'adresser au gouvernement des réclamations dans le but d'alléger leurs charges, nous croyons devoir confondre les demandes qu'elles ont à vous soumettre, Monsieur le Ministre, sauf à distinguer, dans ce mémoire, celles qui seraient spéciales à chacune d'elles.

Ces deux compagnies ont non seulement rempli tous leurs engagemens; mais elles ont, par leurs propres efforts, soldé toutes les dépenses imprévues, et surmonté tous les obstacles qui ont surgi en cours d'exécution de travaux si importans et si nouveaux.

Au moment où elles allaient recueillir les fruits de tant de sacrifices, une loi, votée dans la dernière session, a changé violemment les conditions de prospérité qu'elles s'étaient assurées, et a gravement compromis l'avenir que, d'après des *conventions formées sous la garantie de la foi publique* (1), elles avaient cru pouvoir se promettre.

---

(1) Cette qualification des droits résultant de la concurrence entre les deux chemins de Versailles est extraite de l'opposition extra-judiciaire de la compagnie du chemin de fer de la *rive gauche*, dont voici la teneur :

« L'an 1838, le 14 juillet, à la requête de la Compagnie anonyme du chemin de fer « de Paris, Meudon, Sèvres et Versailles, constituée par acte reçu par Me Hailig et son « collègue, notaires, à Paris, des 14, 17, 18 et 19 août 1837, enregistré, autorisée par « ordonnance royale du 25 du même mois, exerçant aux termes dudit acte les droits « de MM. B. L. Fould et Fould Oppenheim et A. Léo, concessionnaires du chemin de « fer de Paris à Versailles (rive gauche), aux termes du procès-verbal d'adjudication « de M. le préfet de la Seine, du 26 avril 1837, homologué par ordonnance royale du 24 « mai suivant, agissant poursuite et diligence de M. Auguste Léo, banquier, demeurant « à Paris, rue Louis-le-Grand, n. 11, administrateur-général de ladite Compagnie, pour « laquelle domicile est élu à Paris, au siége de la Société, rue Louis-le-Grand, n. 13, et « encore en l'étude de Me Furcy Laperche, son avoué de première Instance, sise rue « Neuve-Saint-Augustin, n. 3 ; et à Versailles, en celle de Me Leclerc, avoué, y sise « place Hoche ; j'ai Jean Pierre Descléves, huissier près le tribunal de première In- « stance, séant à Versailles, audiencier à celui du commerce de la même ville, y de- « meurant rue de la Paroisse, n. 121, patenté pour 1838, n. 4238, troisième classe, sous- « signé, déclaré à M. le préfet du département de Seine-et-Oise, en son hôtel sis à « Versailles, rue des Réservoirs, en parlant à M. Lemonnier, secrétaire-général qui a « visé l'original des présentes,

« Que les deux lignes du chemin de fer de Paris à Versailles ont été adjugées le « même jour à deux compagnies différentes, le 26 avril 1837, sur cahiers des charges « dressés à l'avance, établissant le tracé des deux chemins et les conditions sous les- « quelles les parties doivent contracter ;

« Que par l'art. 2 du cahier des charges du chemin de la rive droite, le point d'arri- « vée dudit chemin à Versailles a été fixé au boulevard de la Reine, près la rue Du- « plessis, *et que les concessionnaires de l'autre chemin, en calculant les chances attachées à « la concurrence devant exister entre les deux entreprises*, ont dû compter que ce point « d'arrivée ne serait pas changé ;

« Que MM. B. L. Fould et Fould Oppenheim et A. Léo avaient eux-mêmes soumis- « sionné l'établissement de ce chemin et que *leurs soumissions avaient été et dû être « calculées eu égard aux conditions fixées au cahier des charges et par conséquent aux « chances de l'entreprise, et qu'ils n'avaient pu compter sur une infraction audit cahier « des charges pour en améliorer l'avenir;*

« Qu'il avait été, en effet, prévu qu'à défaut d'adjudication du chemin de la rive gau- « che, la Compagnie aurait la faculté de présenter un nouveau projet d'arrivée plus « voisin de la Place d'Armes; mais, que l'événement prévu n'ayant pas eu lieu, la « Compagnie adjudicataire de la rive droite ne peut invoquer le bénéfice de cette condi-

Une adjudication publique, faite le même jour, à la même heure, au même lieu, avait réglé *les chances attachées à la concurrence devant exister entre les deux entreprises* (1) des chemins de fer de Versailles. Ces chances ont été profondément modifiées au profit de la rive gauche, et au détriment de la rive droite, et aussi, par une réaction inévitable, au détriment de la compagnie de Saint-Germain (2).

« tion, laquelle prouve d'autant mieux la rigueur du principe posé, et assurait à l'autre « entreprise que jamais il ne serait, *sous aucun prétexte, rien changé au point d'arrivée ;*

« Que ces principes ont été consacrés par deux délibérations du Conseil municipal de « Versailles, des 7 mars et 9 juin 1838, par deux délibérations de la commission créée « en exécution de l'art. 8 de la loi du 7 juillet 1833, et encore par la Chambre des « Députés, dans la séance du 9 juin dernier ;

« Que, malgré les justes réclamations faites par la ville de Versailles et au mépris de « ces délibérations, la Compagnie adjudicataire du chemin de fer de la rive droite « paraît vouloir demander l'adoption d'un autre projet d'entrée dans Versailles, ayant, « outre son illégalité, l'inconvénient de traverser plusieurs monumens importans, en « un mot, de bouleverser le quartier le plus populeux de la ville ;

« Que la conservation des monumens publics et de la circulation, la tranquillité et « l'intérêt de la ville, en un mot, suffiraient, et au-delà, pour proscrire le projet ; mais « que l'ordre public, le respect dû à la loi et aux droits acquis à des tiers, ne permet- « tent pas un seul instant d'en examiner même le commodo et l'incommodo ;

« Que la Compagnie requérante pourrait se reposer sur l'impartialité de l'adminis- « tration, mais que cependant l'insistance de la Compagnie adjudicataire du chemin de « la rive droite ne permet pas aux administrateurs de garder plus long-temps le « silence ;

« Pourquoi la compagnie requérante déclare protester et proteste, par ces présentes, « contre tous arrêtés et décisions, ayant pour effet de substituer un nouveau point « d'arrivée du chemin de la rive droite, *à celui déterminé au cahier des charges auquel « les adjudicataires se sont soumis et* QUI FAIT LA LOI DE TOUTES LES PARTIES, *qu'elle s'op- « pose formellement et par anticipation à tout acte qui pourrait modifier en un sens aussi « grave,* DES CONVENTIONS FORMÉES SOUS LA GARANTIE DE LA FOI PUBLIQUE, et qu'elle « se pourvoira par toutes les voies pour obtenir le redressement du préjudice, qui en « serait pour elle la conséquence.

« A ce que Monsieur le Préfet n'en ignore, je lui ai laissé cette copie ; le coût de l'ex- « ploit est de 5 francs 45 centimes. « *Signé* : DESCLÈVES. »

(1) Extrait de la même opposition.

(2) Tout ce qui peut avoir pour effet, soit par la hausse du tarif, soit par la concurrence, de réduire le nombre de voyageurs de la rive droite, diminue nécessairement le produit du péage du chemin de Saint-Germain.

Lorsque la compagnie du chemin de fer de Versailles (rive droite) a cru devoir soumissionner la construction de ce chemin, elle a dû calculer l'importance de la concurrence qu'elle avait à redouter par la mise au concours d'une seconde ligne. D'après la nature des travaux spécifiés dans le cahier des charges de la rive gauche, nous dûmes penser avec le public, avec l'administration des ponts et chaussées elle-même, qu'il était possible que cette entreprise *ne trouvât pas de soumissionnaires* (1), et dans le cas où elle en eût trouvé, qu'elle ne pourrait jamais être achevée (2). Dans cet état de choses que nous n'avions pas créé, mais que nous avions accepté tel qu'il était consacré par des contrats publics sanctionnés par le gouvernement, la compagnie de la rive droite a accepté des charges et pris des engagemens, et celle du chemin de fer de Saint-Germain s'est obligée à exécuter des travaux nouveaux et à opérer des réductions sur le péage auquel elle a droit, en vue d'un nombre présumé de voyageurs sur cet embranchement, toutes choses qui ne sont plus en rapport avec les conditions nouvelles qui ont surgi de la loi du 1er août 1839.

Cette loi a non seulement dispensé la rive gauche des dépenses considérables auxquelles elle était tenue pour l'entrée dans Paris, mais lui a, en outre, accordé un prêt de cinq millions à 4 o|o d'intérêt.

Dans cette circonstance, les pouvoirs publics ont mis dans la balance le poids des trésors de l'état et de leur omnipotence, pour ren-

(1) Cette opinion de l'administration supérieure est exprimée en ces termes, dans l'article 2 de notre cahier des charges, au 2e paragraphe : « *Dans le cas où le chemin de fer de la rive gauche ne trouverait pas de soumissionnaires*, la compagnie « (celle de la rive droite) aura la faculté de présenter un nouveau projet d'arrivée plus « voisin de la Place d'Armes. » On voit, par cette restriction introduite contre nous, l'importance qu'on attachait à une modification dans les conditions d'établissement du point d'arrivée dans Versailles.

(2) Les fondateurs de la rive gauche ont soumissionné à la fois le chemin de fer de la *rive droite* et celui de la *rive gauche*; nous n'en avons soumissionné qu'un seul, après avoir reconnu que le second était à peu près inexécutable en raison des immenses travaux qu'il nécessitait depuis le point de départ de Paris jusqu'à celui de Versailles, et était, dans tous les cas, impossible comme opération industrielle.

dre vains les calculs que nous avions faits et pour rectifier aussi, mais dans un sens contraire, ceux de nos concurrens.

Les compagnies de la rive droite et de Saint-Germain se trouvent ainsi punies, pour avoir bien compris et bien exécuté les engagemens qu'elles avaient pris.

Toutefois, l'économie, pour la rive gauche, résultant de la suppression des travaux de l'entrée dans Paris, et les cinq millions prêtés par l'état, n'étaient pas sans doute des faveurs assez grandes; depuis le vote de la loi, l'administration des ponts et chaussées vient tout récemment de concéder à la même compagnie l'autorisation d'établir *un plan incliné sur une partie de l'entrée dans Versailles*, afin d'éviter *les plus grandes difficultés et d'énormes dépenses*, et de lui accorder *tous les avantages qui doivent résulter de cette nouvelle disposition et d'une entrée qui touche à la Place d'Armes* (1).

---

(1) Les phrases en *italique* dans ce paragraphe et dans le paragraphe suivant sont extraites du rapport du conseil d'administration de la compagnie de la rive gauche dont voici le texte :

« Vous savez qu'*un engagement avait été pris qui garantissait l'achèvement des travaux dans la limite du prêt de cinq millions*, *mais seulement dans l'hypothèse d'une entrée à Versailles qui ne pénètrerait que jusqu'à la rue de Vergennes*.

« D'après le plan primitif, *cette entrée dans Versailles*, *poussée jusqu'à l'avenue de la Mairie*, *présentait les plus grandes difficultés et pouvait entraîner la compagnie à d'énormes dépenses*, par suite de la nature des travaux d'art à entreprendre.

« Les ingénieurs de la compagnie avaient rédigé un nouveau projet, au moyen duquel ces difficultés étaient en grande partie évitées, et la dépense considérablement diminuée par l'introduction d'*un plan incliné sur une partie de l'entrée dans Versailles*.

« A l'époque où nous avons traité avec M. Seguin, ce nouveau projet n'avait pas encore reçu l'approbation de l'administration des ponts et chaussées. Cependant nous l'avons compris dans le forfait général, avec cette condition que, si ce projet n'était pas approuvé par l'administration des ponts et chaussées, la compagnie aurait le droit de limiter l'exécution du forfait à l'avenue de Viroflay, et que, dans le cas contraire, M. Seguin, qui avait pris connaissance des plans de ce projet, resterait chargé de son exécution, dans la limite du forfait.

« *Ce nouvau projet d'entrée dans Versailles a reçu l'approbation de l'administration des ponts et chaussées.*

« D'après l'engagement pris par la loi du 9 juillet, l'achèvement des travaux, dans la limite de la

Pour bien apprécier l'importance, en faveur de nos concurrens et contre nous, de cette décision nouvelle, nous vous rappellerons, Monsieur le Ministre, que *par l'engagement pris d'après la loi* du 1er août, par les principaux intéressés de la rive gauche, *l'achèvement des travaux, dans la limite de la réalisation de la réserve et des cinq millions prêtés par le gouvernement, n'avait été garanti que jusqu'à la rue de Vergennes.*

Or, la rue de Vergennes était le point où le chemin de fer de la rive gauche se serait trouvé, dans Versailles, à la même distance du château que celui de la rive droite.

Cette réserve de limiter facultativement le chemin de la rive gauche à la rue de Vergennes, que les actionnaires, garans de l'exécution des travaux, avaient introduite dans des vues d'économie, nous vous avions demandé, dans des vues d'équité, Monsieur le Ministre, de la rendre obligatoire, lorsqu'avant de soumettre aux chambres le projet de loi de la rive gauche, vous nous en aviez communiqué les bases.

Nous vous demanderons la permission de vous rappeler dans quelles circonstances et pour quels motifs nous vous avions adressé cette demande :

Les travaux de la rive gauche étaient suspendus, la compagnie avait épuisé son fonds social et les moyens de se créer des ressources nouvelles ; elle ne pouvait achever son chemin sans le concours de

---

réalisation de la réserve, et des cinq millions prêtés par le gouvernement, n'avait été garanti que jusqu'à la rue de Vergennes dans Versailles.

« Nous avons déjà eu l'honneur de vous faire remarquer qu'aujourd'hui l'arrivée jusqu'à l'avenue de la Mairie est assurée à la compagnie par le forfait, tout en restant dans les mêmes limites de dépenses. Vous comprendrez facilement, Messieurs, *tous les avantages qui doivent résulter pour la compagnie de cette nouvelle disposition, et d'une entrée qui touche à la Place d'Armes.* Il nous est permis d'insister sur ce point, car c'est une preuve nouvelle du soin que votre conseil prend des intérêts de la compagnie; nous avons l'espoir que, dans l'avenir de nos travaux, nous trouverons encore plus d'une occasion de justifier la confiance que vous avez bien voulu nous accorder.

« Nous manquerions à tout ce que nous devons à Monsieur le Ministre des travaux publics et à *l'administration des ponts et chaussées, si nous ne nous empressions de reconnaître qu'en toute occasion les réclamations que nous avons adressées à l'administration ont été discutées avec un esprit de justice et de protection éclairée* dont nous nous sommes efforcés de nous montrer dignes, en ne perdant pas de vue les intérêts du public, ou en défendant les nôtres.

l'état. Pénétré du préjudice que devait causer à la rive droite l'intervention du gouvernement, par la raison qu'il ne pouvait protéger une compagnie sans compromettre les intérêts de l'autre, vous nous aviez offert, en compensation, d'élever notre tarif. Mais cette augmentation, bien qu'utile pour nous dans certaines limites, était une faveur égale accordée à la rive gauche; car, dans l'état de concurrence des deux chemins et par l'identité de leur service, le tarif d'une compagnie, quelque bas qu'il fût, devenait le tarif obligé de l'autre, et dans tous les cas, en donnant à la rive gauche les moyens de nous faire concurrence, on détruisait les effets de l'élévation de notre tarif; on nous exposait même à voir réduire celui que nous avions, par l'obligation où nous pourrions nous trouver ultérieurement de mettre nos prix en rapport avec ceux de la ligne rivale.

Néanmoins, et bien qu'en notre qualité de représentans de l'intérêt de tiers, nous n'eussions qu'un mandat très-restreint, nous vous avions déclaré que nous accepterions, pour ce qui nous concernait, un projet de loi qui déchargerait la compagnie de la rive gauche des obligations les plus onéreuses de son contrat, pourvu qu'il ne pût pas résulter des nouvelles conditions qu'on allait lui faire et du prêt qu'on allait lui accorder, que son chemin pût *pénétrer dans Versailles à un point plus rapproché du château que celui de la rive droite.*

Notre demande, à cet égard, n'était pas seulement fondée sur la considération des faveurs qu'on accordait par le projet de loi à la rive gauche, elle se justifiait, en outre, par cette circonstance, que pendant neuf mois consécutifs, et après trois enquêtes successives, nous avions vainement tenté de faire pénétrer notre chemin à un point plus central dans Versailles, et qu'après tant de temps perdu, nos efforts étaient venus échouer devant une opposition extra-judiciaire des soumissionnaires de la rive gauche, basée sur ce motif, *que leurs soumissions ayant été et dû être calculées, eu égard aux conditions fixées au cahier des charges, et par conséquent aux chances de l'entreprise, ils n'avaient pu compter sur une infraction audit cahier des charges pour en améliorer l'avenir.*

Forcés par nos concurrens, aux termes de notre cahier des charges, de renoncer à une meilleure entrée dans Versailles, nous devions être admis, tout au moins, et surtout dans les circonstances nouvelles qui devaient résulter du projet de loi, à demander, à notre tour, l'exécution des conditions qu'ils avaient acceptées, afin de les obliger à s'arrêter à une distance du château égale à celle où, par leur fait, nous étions désormais irrévocablement établis.

Après avoir soumis le projet de loi et nos observations au conseil des ministres, vous nous aviez annoncé que la clause qui autorisait la rive gauche à modifier ses travaux à l'entrée dans Versailles serait rayée du projet, reconnaissant que cette suppression vous paraissait juste et fondée.

Nous attachions une telle importance à cette *égalité* dans la position des deux gares dans Versailles, que le silence de la loi ne nous paraissant pas, pour l'avenir, une garantie suffisante, nous vous demandâmes que cette condition d'*égalité* fût positivement exprimée, afin qu'une nouvelle disposition législative ne pût autoriser ultérieurement une modification de travaux qui permît de placer la gare de la rive gauche plus près du château que celle de la rive droite. Notre demande était à coup sûr très-modérée, si l'on considère qu'il s'agissait, dans le même projet de loi, de fournir au chemin de fer rival les capitaux sans le secours desquels il n'aurait pu être achevé.

L'expérience a justifié nos craintes; une autorisation générale de modification, introduite par amendement dans la loi, a remplacé la clause de modification spéciale à l'entrée dans Versailles qui avait été supprimée du projet primitif; tous les ménagemens que commandaient à la fois et les faveurs déjà accordées et la position de concurrence des deux entreprises ont été mis de côté : le rapport de MM. les administrateurs de la rive gauche nous apprend *qu'en toute occasion les demandes qu'ils ont adressées à l'administration ont été discutées avec un esprit de justice et de protection éclairée, et que le* NOUVEAU PROJET D'ENTRÉE DANS VERSAILLES *a reçu l'approbation de l'administration des ponts et chaussées.*

Par l'exposé de ces faits, vous pourrez apprécier, Monsieur le Ministre, si les deux mille actionnaires ou prêteurs, que nous représentons, ont trouvé la même protection et la même justice, quelle qu'ait été la fidélité avec laquelle ils ont rempli leurs engagemens.

Et cependant la rive gauche n'aurait pas encore atteint le terme des faveurs qui lui seraient réservées, si les espérances que ses administrateurs expriment dans leur rapport étaient sanctionnées par les pouvoirs de l'état.

« Nous trouvons, disent-ils, une preuve de plus de la sollicitude « du gouvernement pour le succès de notre entreprise, dans l'envoi « aux enquêtes du projet d'un chemin de fer de Paris à Chartres, « s'embranchant à Versailles sur notre ligne. Une compagnie s'est « formée pour l'étude de ce chemin, et tout nous porte à croire que « ce projet, si avantageux pour nous et pour le pays, sera exécuté « dans un avenir peu éloigné. »

Quoi qu'il en soit, nous ne pensons pas qu'on puisse sérieusement songer à frapper en cette circonstance le chemin de fer de la rive droite d'une exclusion que rien ne saurait justifier; nous ne demandons pas de monopole, mais nous ne pouvons pas admettre que tout chemin prolongé au-delà de Versailles ne s'embranche pas à la fois sur les deux lignes qu'on a cru devoir concéder.

Cette demande, de notre part, n'est pas basée seulement sur les droits qui résultent de la position de concurrence que l'établissement de deux chemins de Versailles a créée, et sur la raison d'équité qui place notre compagnie dans une situation tout exceptionnelle depuis le vote de la loi du 1er août; elle se justifie également par les avantages particuliers que présentent, pour un embranchement de cette nature, le chemin de la rive droite et celui de Saint-Germain réunis, avec leur matériel de transport, leurs ateliers, leurs gares, les débouchés et les facilités d'approvisionnement qui résultent de leurs relations directes avec la Basse-Seine, avec l'Oise, et par les canaux Saint-Denis et Saint-Martin, avec l'Yonne, la Haute-Seine et la Marne.

Il est une autre considération, monsieur le Ministre, que nous devons vous soumettre à l'appui de cette réclamation. Le chemin de fer de Saint-Germain a été destiné, d'après les travaux qui ont été exécutés, à servir de tête à la ligne de l'ouest et du nord. L'administration des ponts et chaussées, frappée des facilités que présentait, pour l'entrée dans Paris, la direction que nous avions choisie, adopta et fit mettre aux enquêtes, dès 1835, un projet qui rendait commune au chemin de fer de Rouen toute la partie du chemin de Saint-Germain située entre notre gare des Batignolles et celle de Paris.

Il est certain que la mise en communication de l'embranchement de Chartres avec le chemin de l'ouest et du nord réaliserait, au profit du service de ces deux grandes lignes, de notables économies; en évitant des frais de chargement et de déchargement, et des transbordemens très-coûteux, elle développerait notablement le mouvement des transports et créerait, au profit des contrées, mises ainsi en relation plus directe les unes avec les autres, des moyens d'échange qui, sans cela et pour certains produits, ne sauraient exister.

Cette jonction des lignes aurait enfin pour effet d'utiliser les capitaux qui sont employés dans les chemins de Saint-Germain et de Versailles (rive droite), capitaux dont nous devons vous signaler l'importance :

Le chemin de Saint-Germain, lorsque les travaux en cours d'exécution seront terminés, aura nécessité une dépense de onze millions cinq cent mille francs.

Celui de Versailles coûtera, depuis Asnières, 11,700,000 francs, bien que le devis présenté aux Chambres, en 1836, par le gouvernement, ne s'élevât qu'à 4,105,000 fr.

Le matériel de transport, les ateliers et l'outillage des deux chemins représenteront en outre un capital dépensé de 4,700,000 fr. et avec le fonds de roulement, de 5,300,000 francs.

Ces deux entreprises auront, par conséquent, occasionné une dépense de 28 millions et demi, sans y comprendre les propriétés et terrains en dehors des travaux.

Cette somme, qui représente plus de la moitié de celle qui a été employée à la construction de tous les chemins de fer de Belgique, a été réunie à l'aide des seules ressources de nos deux sociétés.

Au moyen de ces sacrifices, nous avons constitué des établissemens d'une importance telle qu'il n'en existe encore dans aucun pays d'aussi considérables(1) ; ces établissemens qui doivent, en grande partie, faire retour à l'état, sont, en attendant les embranchemens sur lesquels nous avons droit de compter, une charge fort onéreuse pour nos compagnies.

Indépendamment de nos gares, notre matériel, qui est très-considérable, exige un personnel fort nombreux que les besoins irréguliers du service de nos deux chemins ne nous permettent d'occuper qu'à de rares intervalles. Or, en affectant une partie de nos gares, de nos constructions de toute nature, de nos machines, de nos ateliers, de nos mécaniciens et chauffeurs au service de plusieurs lignes de chemins de fer, il en résulterait, pour elles comme pour nous, de notables économies.

---

(1) La gare du chemin de fer de Saint-Germain, située entre la rue St-Lazare et la place de l'Europe, a une superficie de.............................. 23,000 mèt.

Celle du même chemin dans la commune des Batignolles est de...... 102,000 m.

Ces deux établissemens, qui se complètent l'un par l'autre, occupent dès-lors ensemble une surface de.............................. 125,000 m.

La gare du chemin de Londres à Birmingham dans Londres occupe une superficie de.............................. 14,000 m.

La Compagnie a acquis une superficie de terrain de 28,000 mètres, (la moitié suffit à ses besoins).

Gare du chemin de Grande Jonction dans Birmingham.............. 11,634 m.

Gare du chemin de Greenwich dans Londres.............. 3,024 m.

Gare des voyageurs à Liverpool, du chemin de Liverpool à Manchester. 6,475 m.

Cette gare reçoit les embranchemens des chemins de Bolton, de Grande Jonction, de Londres à Birmingham et de 4 ou 5 autres embranchemens moins importans.

Gare des marchandises du chemin de Liverpool.............. 9,432 m.

Gare de Bruxelles (à l'Allée verte).............. 15,400 m.

Cette gare fait actuellement le service de tous les chemins de fer de Belgique; mais depuis que le mouvement principal qui devait se faire à Malines se trouve reporté à Bruxelles, « non par un acte législatif ou « administratif comme le dit M. Nothomb dans son rapport du 12 novem- « bre (page 31), mais par la force des choses et malgré le détour qui ré- « sulte du passage par Malines... » on construit des établissemens aux Bogards qui auront une superficie de.............. 48,000 m.

On voit que nos gares de Paris et des Batignolles ont une superficie huit ou dix fois plus considérable que celles des chemins de Londres à Birmingham, de Liverpool à Manchester et de Bruxelles, et que les nouveaux établissemens que l'on construit dans cette dernière ville n'auront pas une surface égale à la moitié des nôtres.

Nous rappellerons d'ailleurs qu'une partie très-importante de nos dépenses et de nos travaux, a été déterminée par les projets d'embranchement sur le chemin de fer de Saint-Germain que le gouvernement avait fait étudier et mettre aux enquêtes avant et après la loi de concession de ce chemin.

Nous vous demanderons à cet égard à préciser les faits et à rappeler les actes et documens publics en vertu desquels nous avons exécuté les travaux supplémentaires, qui se trouveraient aujourd'hui absolument sans emploi, si l'embranchement auquel ils étaient destinés ne nous était pas accordé.

Lorsque le chemin de fer de Saint-Germain a été concédé, l'administration a voulu qu'il fût établi de manière à servir de tête au chemin de Rouen par Saint-Denis et Pontoise, et elle nous a obligés en conséquence à adopter la cote de nivellement de ce dernier chemin (1); de sorte que si nous eussions voulu éviter, comme cela était possible, nos grandes tranchées et nos souterrains de Paris et des Batignolles, l'administration, en vue du droit d'embranchement qu'elle s'était réservé, nous l'aurait interdit.

Dans le même but, l'administration, dans notre acte de concession, s'est « expressément réservé le droit d'accorder de nouvelles conces- « sions de chemin de fer *s'embranchant sur celui de Saint-Germain* » (art. 42 du cahier des charges). Cette clause, introduite depuis dans le cahier des charges des autres chemins de fer, l'a été pour la *première fois* dans le nôtre.

Lorsque notre compagnie fut dans le cas de rédiger ses plans définitifs, pour se conformer aux conditions d'embranchement qui lui étaient imposées, elle dut réclamer de M. l'ingénieur en chef Défontaine un extrait de l'avant-projet du chemin de Rouen par Pontoise, afin de pouvoir raccorder exactement le nivellement des

---

(1) Voici l'extrait de l'art. 2 de notre cahier des charges : « Le niveau des rails du « chemin de fer, à l'entrée du souterrain vers la rue Saint-Lazare, se trouvera à 16 « mètres 61 centimètres en contre-bas du repère n° 258 du nivellement de la ville de « Paris, incrusté sur le regard de l'aqueduc de ceinture de la barrière de Monceau. » Dans tous les cahiers de charges on détermine le maximum des pentes, mais celui de Saint-Germain est le seul où un nivellement fixe ait été imposé.

deux lignes, conformément aux prescriptions du cahier des charges. Ce plan et le profil, signés de leur auteur, extraits des études faites par ordre et pour le compte du gouvernement, sont dans nos mains; ils indiquent l'embranchement que nous demandons (1).

Ce même projet de chemin de fer fut mis aux enquêtes en octobre et novembre 1835; les plans avaient fixé pour ce chemin deux entrées dans Paris, l'une par le quartier de Tivoli, l'autre par le nouveau quartier Poissonnière; la commission a délibéré en ces termes relativement à l'entrée par le quartier de Tivoli.

« Considérant qu'il importe de ne pas multiplier les expropriations;

« Considérant que déjà on a concédé à la compagnie du chemin de fer de « Paris à Saint-Germain le droit de faire entrer son chemin dans Paris sur « les terrains de Tivoli, *à la charge par elle de recevoir tous embranchemens qui seraient autorisés;*

« Attendu que l'embranchement du chemin de fer soumis aux enquêtes, « formant seconde entrée dans Paris, au quartier de la Madeleine, pourrait « sans inconvénient, ainsi d'ailleurs que l'a reconnu l'auteur du projet, avoir, « pour ce quartier, la même entrée que le chemin de fer de Paris à Saint-Germain;

« Est d'avis *qu'il n'y a pas lieu d'autoriser à titre d'utilité publique une* « *entrée particulière de ce chemin dans Paris* pour arriver au quartier de la « Madeleine, et que la ligne de ce chemin allant à la Madeleine *devra s'em-* « *brancher sur celui de Paris à Saint-Germain.* »

Cette délibération a été prise le 28 novembre 1835.

Et le 3 décembre suivant, une autre commission d'enquête, chargée de statuer sur l'entrée dans Paris du chemin de Saint-Germain, exprimait l'avis suivant :

« Considérant qu'il est essentiel d'offrir aux voyageurs un point de départ « d'un accès facile, et que, sous ce rapport, l'intérêt de la compagnie est « d'accord avec l'intérêt public;

« Que, d'ailleurs, *il ne s'agit pas seulement ici du chemin de fer de Saint-* « *Germain, mais très-probablement de tous les chemins de fer qui pourront* « *arriver dans la même partie de la capitale, et qui devront s'embrancher sur*

---

(1) Le profil de cet embranchement est d'ailleurs imprimé sous le n° 16 dans le Mémoire sur l'avant-projet du chemin de fer de Paris à Rouen, au Havre et à Dieppe, distribué en 1837, aux Chambres, par la *direction générale des ponts et chaussées.*

« *celui de Saint-Germain pour éviter les dépenses ainsi que les difficultés que* « *ces sortes de voies ont à supporter à leur entrée dans Paris*, *et surtout le* « *dommage qui pourrait résulter par la suite, de multiplier les constructions* « *de cette nature dans le même quartier ;*

« Est d'avis, etc. »

Enfin une troisième commission d'enquête, statuant en 1836 sur un autre projet de chemin de fer de Paris à Rouen par la vallée de la Seine, prenait la résolution suivante :

« En ce qui touche le tracé indiqué au plan comme variante de la direc- « tion du chemin dans le département de la Seine et passant par les Batignol- « les, Clichy, Geneviliers, Colombes, etc. :

« Considérant que ce territoire est déjà traversé dans la même direction « par le chemin de Saint-Germain ;

« *Qu'on ne saurait demander avec justice à la propriété privée de nouveaux* « *sacrifices pour l'établissement d'une nouvelle ligne de chemin de fer qui* « *peut se lier facilement et se confondre avec le chemin déjà autorisé ;*

« *Que cette réunion des deux lignes est demandée également dans l'intérêt* « *de l'agriculture et de la conservation des communications du pays ;*

« La commission adopte les observations présentées à ce sujet par MM. les « maires de Clichy et de Geneviliers, et demande que, dans le cas de l'adop- « tion du tracé dirigé vers Paris par Colombes, *ce tracé s'embranche sur le* « *chemin de Saint-Germain à partir d'Asnières sur la rive gauche de la Seine.* »

Voilà trois commissions différentes qui toutes statuent de la même manière et par les mêmes motifs dans cette question de l'entrée dans Paris. Cette unanimité prouve d'une manière non équivoque l'équité de notre demande.

Elle prouve que la nécessité de cet embranchement a été comprise par tous les hommes qui ont examiné la question des entrées de chemins de fer dans Paris et qui se sont rendu compte des difficultés qu'elles présentaient.

Ces considérations nous ont amenés à rédiger nos plans dans la vue de satisfaire à cette nécessité; nous avons fait de très-grands sacrifices pour arriver à remplir les conditions du programme qui nous avait été donné, non seulement par l'administration elle-même, mais par le public.

Pour satisfaire à ces conditions, notre compagnie proposa d'établir trois voies à la sortie de Paris, bien que cette disposition fût très dispendieuse, en raison des énormes travaux de terrassemens et de souterrains que l'addition d'une troisième voie rendait nécessaires.

Néanmoins, lorsque M. le Directeur général des ponts et chaussées eut connaissance des plans que la compagnie avait présentés dans ce but, il contesta la possibilité de desservir à la fois avec trois voies les lignes de Saint-Germain, Versailles et Rouen, et dit au Directeur de notre société « qu'il ne prétendait, en aucune manière, imposer « de nouveaux sacrifices à la compagnie, mais qu'en établissant trois « voies seulement, on devait renoncer à devenir la tête du chemin « de fer de Rouen; car quatre voies étaient indispensables pour satis- « faire à cette condition. »

Pour lever cet obstacle, le Directeur de notre société proposa à notre conseil d'administration d'établir quatre voies à l'entrée dans Paris : cette proposition fut d'abord rejetée à cause de l'augmentation de dépense qui en devait résulter. Cette délibération est consignée sur le registre des procès-verbaux de la compagnie, à la date du 28 novembre 1835. Les plans furent approuvés à trois voies par le conseil général des ponts et chaussées, et les expropriations furent faites d'après ces plans. Ce ne fut que plus tard, en février 1836, que *quatre voies* furent proposées par notre compagnie et adoptées par M. le ministre des travaux publics. En conséquence, un supplément d'expropriation a été autorisé, et quatre voies ont été construites uniquement en vue de l'embranchement dont l'avant-projet avait été mis aux enquêtes par le gouvernement, ainsi que l'établissent les délibérations des commissions ci-dessus citées.

Tels sont, monsieur le Ministre, les faits qui ont motivé les travaux que nous avons exécutés, les dépenses que nous avons faites. Le gouvernement et les chambres s'accorderaient-ils pour les rendre stériles? Et à défaut d'engagemens formels et légaux, n'existe-t-il pas, pour la puissance publique, une obligation morale de diriger, conformément aux plans qui avaient été projetés, les travaux en vue desquels nous avons fait des sacrifices si considérables?

Dans cet état de choses, il reste dès-lors à examiner si les faits accomplis en matière de chemins de fer, dans le cours des quatre années qui se sont écoulées depuis que les plans du gouvernement ont été mis aux enquêtes, et depuis que nos travaux ont été entrepris, ont établi que l'embranchement sur le chemin de Saint-Germain reconnu utile et économique, en 1835, serait devenu, en 1840, nuisible et contraire à l'intérêt public.

C'est encore par des faits accomplis sous nos yeux que l'on peut résoudre cette question.

Dans cette période, de 1835 à 1840, deux expériences ont été faites.

En 1836, deux chemins de fer sur Versailles ont été autorisés; pour satisfaire à des exigences de quartier et pour desservir une circulation dont on s'était exagéré l'importance, quinze millions ont été dépensés sur la rive droite, et quinze millions achèvent de se dépenser sur la rive gauche. Un seul chemin n'aurait-il pas suffi? N'aurait-on pas pu économiser les quinze millions que l'un des deux aura employés et les 6 ou 700,000 fr. de frais annuels qui seront la conséquence d'une double exploitation pour le même service? Certes, il n'y a pas aujourd'hui deux avis sur cette question.

En 1835 et 1836, on a projeté deux gares dans Paris pour le chemin de fer de Rouen; en 1838, lorsque l'une d'elles, la nôtre, était établie, on en a autorisé une seconde, et l'on a exclu la nôtre du service auquel elle avait été destinée. On paralysait inutilement ainsi d'énormes capitaux, et l'on augmentait en outre les frais d'exploitation du chemin de Rouen dans une proportion très-considérable.....

Nous réclamâmes en 1838, mais ce fut en vain; l'expérience n'avait pas encore prononcé.

Qu'il nous soit permis de rappeler ici que la rigueur avec laquelle notre contrat avait été interprété, et l'injustice dont on a usé à notre égard dans cette circonstance, en rendant inutiles les travaux qu'on avait provoqués, n'ont pas laissé d'exercer une grande influence sur le public et ont puissamment contribué au découragement de toutes les compagnies.

Il est incontestable que si les immenses travaux de notre entrée dans Paris eussent été établis avec les deniers de l'état, le gouvernement n'aurait jamais pu songer à demander aux chambres de nouveaux subsides pour en construire de semblables à quelques centaines de mètres de distance : or, les capitaux dépensés par une compagnie ne font-ils pas également partie de la richesse publique?

L'administration ne doit-elle pas s'en montrer aussi bonne ménagère que des siens propres ?

Nous renouvelons aujourd'hui, nous l'espérons, avec plus de chance de succès, les réclamations que nous avons faites en 1838. Nous demandons que, conformément aux premiers projets de l'administration, le chemin de fer à établir dans la direction de Saint-Denis et de Pontoise s'embranche aux Batignolles sur le chemin de Saint-Germain. Cet embranchement permettrait d'économiser immédiatement la dépense des gares et du matériel, et fournirait les moyens d'exploiter, au fur et à mesure de leur achèvement, les premières sections du chemin à construire. Au surplus, le gouvernement aura toujours la faculté, lorsqu'il le jugera convenable, d'établir une gare spéciale dans Paris pour le service du chemin de l'ouest et du nord; mais, en ajournant tout projet à cet égard, il pourra mieux en déterminer l'emplacement, les dimensions et les dispositions d'après les besoins que l'exploitation aura pu révéler.

En ce qui touche le chemin de la rive droite, nous réclamons l'application d'un principe d'équité qui, même en l'absence des autres motifs d'intérêt public que nous avons signalés, commanderait de placer les deux chemins de fer de Versailles dans des conditions d'égalité à l'égard de l'embranchement de Chartres.

Après vous avoir soumis ces observations, qui sont plus particulièrement spéciales à nos deux Compagnies, nous vous adressons, Monsieur le Ministre, les réclamations suivantes qui sont, pour la plupart, d'un intérêt très-pressant pour toutes les entreprises de chemins de fer.

QUESTIONS DES TARIFS.

Dans le cours de la dernière session, le gouvernement et les chambres ont reconnu l'insuffisance des tarifs établis dans tous les cahiers des charges des chemins de fer concédés; diverses lois vous ont autorisé, Monsieur le Ministre, à les modifier provisoirement jusqu'à ce qu'une loi spéciale régularisât à cet égard la position des compagnies. Nous avons l'honneur de vous soumettre le tarif que l'expérience, acquise par notre exploitation et fortifiée par les faits accomplis sur les chemins d'Angleterre et de Belgique, nous a fait juger nécessaire pour le service difficile et important dont nous sommes chargés:

PROJET DE TARIF POUR LES CHEMINS DE FER DE SAINT-GERMAIN ET DE VERSAILLES (RIVE DROITE).

	PAR KILOMÈTRE.		
	Péage.	Transport.	Total.
Voyageurs. — Première classe (1)	0.07	0.03	0.10.
Deuxième classe	0.05	0.025	0.075.
1/10 de places de luxe au-dessus du tarif.			
Bestiaux.—Chevaux, bœufs, vaches, mulets et bêtes de trait.	0.12	0.08	0.20.
Veaux et porcs	0.04	0.02	0.06.
Moutons, brebis et chèvres	0.02	0.01	0.03.
Marchandises.— Au dessous de 1,000 k. ... par 1000 k°.	0.20	0.20	0.40.
De 1,000 k. et au dessus	0.12	0.06	0 18.
Houille	0.10	0.05	0.15.
Location d'un wagon entier dont le chargement ne pourra dépasser 6,000 k. ... par wagon.	0.60	0.30	0.90.
Transport des voitures à deux roues ... par voiture.	0.20	0.12	0.32.
d° de maître, à quatre roues	0.30	0.18	0.48.
d° Diligences et autres voitures publiques.	0.60	0.30	0.90.

Les objets au dessous de 100 kilogrammes et les transports d'or, d'argent et de matières précieuses continueront à n'être pas soumis au tarif.

Pour le service des transports intermédiaires, quelle que soit la distance parcourue, le tarif pourrait être perçu comme pour dix kilomètres entiers.

---

(1) Voici le tableau des tarifs sur différens chemins de fer d'Angleterre et d'Écosse :

CHEMINS ANGLAIS	PAR VOYAGEUR ET PAR KILOMÈTRE.		
	1re classe.	2e classe.	3e classe.
	cent.	cent.	cent.
Chemins du midi ou du centre : Londres et Birmingham	20,00	13,40	»
Liverpool et Birmingham	16,25	10,80	»
Londres et Bristol	18,31	13,31	11,68
Londres et Southampton	17,68	11,68	»
Manchester et Liverpool	15,00	13,31	10,87
Londres et Greenwich	18,75	12,50	»
Londres et Croydon	12,50	8,90	»
Sheffield et Rotherham	14,31	10,68	7,12
Chemins du nord Newcastle et Carlisle	14,30	11,03	9,70
Newcastle et North Shields	11,16	5,08	»
Darlington et Stockton	12,50	6,25	3,12
CHEMINS ÉCOSSAIS.			
Edimbourg et Dalkeith	7,81	6,25	»
Arbroath et Forfaix	10,00	7,50	5,60
Dundee et Arbroath	11,75	9,37	6,25
Dundee et Nantyle	10,69	9,00	7,12
Paisley et Renfrew	11,43	7,68	»

Dans tous les tarifs imposés aux compagnies ou proposés par elles jusqu'à ce jour, on n'avait pas suffisamment tenu compte des difficultés, des dépenses, des précautions que nécessite un transport d'hommes et de marchandises sur un chemin exploité à grande vitesse.

Pour ce qui est relatif au service des marchandises, on avait été trompé par les faits observés sur les chemins de fer affectés presque exclusivement au service des houillières; on avait pris ce transport, tout exceptionnel, pour base des tarifs à établir pour les transports ordinaires sur tous les chemins de fer.

Cette assimilation était entièrement erronée. Le transport du charbon n'entraîne à peu près aucune responsabilité. Les masses à transporter sont considérables, et peuvent être distribuées régulièrement d'après l'importance du matériel et les besoins du service; ce qui permet d'utiliser constamment toute la force des machines pour un travail déterminé d'avance, et d'éviter non seulement le chômage du chemin, mais aussi, et c'est ce qui est plus grave, le chômage des marchines et wagons et du personnel considérable qu'une entreprise de chemin de fer oblige d'entretenir.

Sur un chemin principalement destiné au service des voyageurs, comme il importe de maintenir la voie constamment libre, le matériel de transport des marchandises doit être établi dans les mêmes conditions de solidité que celui des voyageurs; ainsi les parties les plus dispendieuses des voitures et wagons des chemins de fer, à savoir : les roues, les essieux, les ressorts de suspension et de traction doivent être à peu près semblables pour ces deux services (1).

A cette première cause d'augmentation de dépense, se joint la responsabilité, d'abord, puis l'irrégularité des expéditions, irrégularité qui oblige d'avoir toujours un matériel et un personnel disponibles pour les transports imprévus qui se présentent et qu'on est tenu de

---

(1) Les wagons de marchandises avaient été évalués à 800 fr. dans le travail de M. Defontaine sur le chemin de fer du Havre (page 126), ainsi que dans celui de M. Kermaingant, sur le chemin de fer de Lyon à Marseille (page 73); nos wagons coûtent 4,100 fr. chacun.

faire. Cette dernière circonstance augmente les frais généraux et les pertes d'intérêt dans une énorme proportion.

Sur les chemins de fer de Belgique, le tarif pour le transport des marchandises n'a été établi que provisoirement : le gouvernement qui est chargé de l'exploitation n'a pas cru pouvoir fixer des conditions ayant un caractère de durée, aux prix suivans qui ont été cependant adoptés sans réclamation par le commerce, nonobstant la concurrence des routes et canaux de ce pays :

Marchandises au dessous de 1,000 kilog. 40 cent. par 1,000 kilog. et par kilomètre.
Marchandises au dessus de 1,000 kilog. 13 4/10 » dito.
Location d'un wagon dont le chargement
ne peut pas dépasser 3,000 k., 54 c. soit 18 » dito.
Le transport des voitures de toute espèce représente
le chargement complet d'un wagon, soit par voiture 54 cent. par kilomètre.

Vous pourrez voir, Monsieur le Ministre, en comparant les tarifs belges aux nôtres que, bien que nos chemins coûtent trois fois plus que les chemins de ce pays, et nonobstant la différence du prix du charbon, nous nous sommes tenus dans des conditions analogues, en introduisant seulement quelques modifications qui nous paraissent constituer une meilleure classification de prix.

	TARIF PROPOSÉ PAR NOUS : Par kilomètre et par 1,000 kilog.	TARIF BELGE : Par kilomètre et par 1,000 kilog.
Marchandises au dessous de 1,000 kilog.	40 centimes	40 centimes
De 1,000 kilog. et au dessus	18	13 4/10
Pour la houille.	15	
Location d'un wagon entier	15	18

Notre tarif est plus élevé qu'en Belgique pour les transports au dessus de 1,000 kilog; il est moins fort pour la location des wagons entiers. Cette différence est, nous le pensons, nécessitée par les usages du commerce français qui obligeront à accorder des réductions de prix aux commissionnaires de roulage, ce qui d'ailleurs est de rigoureuse équité.

Le tarif des bestiaux et des voitures (1) est en rapport avec les

(1) Sur le chemin de Grande-Jonction (Birmingham à Liverpool et Manchester) le tarif, pour une distance de 97 1/2 milles, soit 156 kilomètres, pour les voitures à 2 roues est de 2 liv. (32 c. par kilom.); pour celles à 4 roues, 3 liv. (48 c. par kilom.); pour un cheval, 1 liv. 10 s. (24 c. par kilom.); pour 2 chevaux, 2 liv. 10 s. (40 c. par kilom.); pour 3 chevaux, 3 liv. 10 s. (56 c. par kilom.).

autres prix ; nous sommes prêts à justifier de ces détails. Tout esprit impartial en trouvera la preuve dans l'examen de notre matériel et dans les faits que nous sommes dans le cas de constater chaque jour dans le service que nous faisons, soit pour le transport des voyageurs, soit pour celui de nos matériaux.

Nous avons déjà eu l'honneur de déposer en vos mains, Monsieur le Ministre, un registre contenant les prix courans imprimés de plus de 300 maisons de roulage de France et de l'Étranger : nous en avons extrait les prix des principales maisons de Paris et pour les lignes qui ont le plus de rapport avec les chemins de fer que nous administrons ; ces lignes sont les plus fréquentées de France et présentent par conséquent les prix les plus bas ; voici cet extrait :

FOLIO DE LA COLLECTION et désignation des entreprises.		VILLES.	DISTANC.	PRIX de l'accéléré.	PRIX de l'ordinaire.	PRIX réduit en kilomètres par l'accéléré.	PRIX réduit en kilomètres par l'ordinaire.
				Par 100 k.	Par 100 k.	Par 1000 k.	Par 1000 k.
fol.			Lieues.	fr. c.	fr. c.	fr. c.	fr. c.
11	Prix de Bourget et Évrard...	Chartres.	22 1/2	4 50	2 50	» 52	» 29
12	— de Bonjour et Verrier..						
11	— Id. Id....	Nantes.	96	15 »	7 50	» 39	» 19 1/2
161	Roulage de l'Union........	Tours.	59	6 »	4 »	» 25	» 17
161	Id. Id..........	Rouen.	30	6 »	2 50	» 50	» 21
157	Pitoin et Sanguine de.......						
161 et 157	Les mêmes...............	Le Havre.	50	9 »	4 »	» 45	» 20
				Prix moyen par 1000 k°.		» 42	» 21
	Tarif des Messageries Royales et Générales................	Chartres.	21 1/2	6 f. par 100 kil.		» 70 c. par 1000 k°s et par kilom.	
		Nantes...	96	30	—	» 78	—
		Tours....	57	20	—	» 85	—
		Rouen...	30	10	—	» 83	—
		Le Havre.	50	22	—	1 10	—
		Prix moyen par 1000 k° et par kilom.				» 83	—

Ainsi le prix moyen sur ces lignes est de
83 c. par 1.000 kilog. et par kilom. pour les transports par messagerie.
42 d° pour le roulage accéléré.
21 d° pour le roulage ordinaire.

Or, pour le chemin de fer qui offre l'énorme avantage d'une vitesse trois ou quatre fois plus grande que celle des transports les plus rapides, et qui permet de déplacer en même temps des quantités quinze ou vingt fois plus considérables que le mode de transport le plus lent, le tarif que nous proposons pour les articles dits de messagerie présenterait une réduction de prix de 50 p. °/₀ et pour les articles de roulage de 25 à 60 p. °/₀.

Quant aux tarifs des voyageurs, les prix que nous réclamons sont inférieurs à ceux qui étaient perçus sur ces deux lignes par les voitures publiques au moment où notre service a été établi, et cependant notre vitesse est quatre fois plus grande. Au surplus, ces tarifs, comme ceux des marchandises, sont des maximum qui nous permettront d'établir des catégories de prix selon les circonstances qui se manifesteront en cours d'exploitation, circonstances qu'il est absolument impossible de prévoir et de déterminer *a priori* dans une loi générale.

Ces tarifs maximum seraient même trop bas si les compagnies ne conservaient pas toujours la faculté de recourir à la législature pour de nouvelles modifications : quand on considère quelle a été la dépréciation relative des métaux précieux dans le cours du dernier siècle, on ne peut songer à fixer dès aujourd'hui un prix *fixe* et *immuable* pendant quatre-vingt-dix-neuf ans, pour un transport qui reste lui-même soumis, quant à son prix de revient, à toutes les variations qui devront nécessairement se manifester dans une aussi longue période, dans le taux des salaires et le prix des matières premières qui entrent dans les frais d'entretien et d'exploitation des chemins de fer.

Pour ce qui concerne l'assiette actuelle des tarifs, nous pensons qu'il y a pour chaque chemin de fer une limite de prix que l'expérience peut seule indiquer, et que les précédens observés sur d'autres lignes ne sauraient déterminer. Cette limite dépend des habitudes, et des besoins spéciaux de chaque localité. Le premier résultat de l'application des machines locomotives au transport des personnes a été l'établissement de prix très-bas, et cela se conçoit facilement : on avait été naturellement conduit à régler les conditions de ce nouveau mode de transport d'après la force relative du nouveau moteur dont on disposait.

Ces bas prix auraient pu être maintenus, et même notablement réduits encore, si l'on avait pu constamment employer la force qu'on était dans le cas de développer; mais, dans la pratique de l'exploitation, on a été partout amené à constater qu'il n'était possible d'utiliser qu'une partie minime de cette force.

La limite à trouver pour chaque ligne spéciale consiste donc dans la recherche des prix qui permettent de réaliser à la fois le *maximum* des transports et le *maximum* des recettes *nettes*.

Pendant trois ans, en Belgique, le gouvernement avait exploité à des prix très-bas; il avait réalisé l'une des deux conditions ci-dessus; mais, aussi, sur *dix sections* exploitées, *huit sections ont présenté une perte notable, c'est-à-dire qu'elles n'ont pas produit une somme suffisante pour couvrir les frais d'exploitation.*

Le gouvernement a dû élever les prix depuis le 3 février 1839. Ce tarif a fortement atténué ces fâcheux résultats; mais cette nouvelle expérience n'est pas assez complète pour qu'on puisse en tirer des conséquences positives pour l'avenir : voici ces tarifs calculés sur la section de Bruxelles à Malines qui a le plus d'analogie avec les lignes de Versailles et de Saint-Germain, soit par sa longueur, soit par sa proximité de la capitale:

Première classe...	2 fr.	» c.	soit pour 20,300 m.	0 fr.	09 c.	8/10	par kilom.
Deuxième classe...	1	25	»	0	06	1/10	»
Troisième classe..	1	»	»	0	04	9/10	»

Sur le chemin de fer de Liverpool la même tentative de bas prix a été faite dans les premières années ; mais une appréciation plus exacte des dépenses d'exploitation a également conduit sur ce chemin à élever notablement les prix; c'est, d'ailleurs, la condition de tous les chemins de fer anglais, partout les tarifs ont été successivement élevés, et ils sont généralement aujourd'hui à un prix supérieur à ceux que nous réclamons.

APPLICATION DES TARIFS.

Nous avons à vous demander en outre, Monsieur le Ministre, de rectifier dans le cahier des charges des deux chemins de fer de Versailles, une clause qui y a été introduite par amendement et qui obligerait les deux compagnies à faire régler le prix des places par des arrêtés préfectoraux dès le 1er janvier de chaque année et pour l'année entière.

Une semblable disposition serait aussi contraire à l'intérêt des compagnies qu'à ceux du public, car elle serait un obstacle à toute modification de tarif : la crainte que l'on aurait de ne pouvoir relever les prix qu'au bout d'une année, si l'on s'était trompé, suspendrait tout essai, toute expérience de réduction.

Dans le cas spécial et tout exceptionnel de deux chemins exploitant la même ligne, les inconvéniens seraient infiniment plus graves encore ; celle des deux compagnies qui, par hasard, aurait fixé ses prix plus bas que l'autre, occasionnerait à celle-ci un préjudice irréparable pendant une année entière. Ces deux compagnies seraient ainsi tous les ans exposées à ces alternatives, à ce jeu périlleux ; leurs produits ne seraient plus réglés par les conditions ordinaires d'une entreprise constituée régulièrement et chargée d'un grand service public, mais seulement par les chances aléatoires d'une déclaration faite à un préfet. Il suffirait même de l'indiscrétion d'un employé pour régler ces chances et pour occasionner la ruine de l'un des deux chemins.

L'élévation ou la réduction d'un tarif de chemin de fer doit être réglée par des conditions plus sérieuses, il faut le dire ; car d'importans intérêts s'y rattachent. Elle ne peut dépendre que de l'observation des faits et du calcul de résultats comparatifs ; or, pour observer, il faut pouvoir expérimenter : le cahier des charges actuel ne le permettrait pas.

Cette clause, d'ailleurs, a été introduite, en 1836, dans la loi de concession des deux chemins de fer de Versailles, dans l'intérêt des voitures circulant sur les routes ordinaires; mais il faut considérer que ces voitures n'étant pas soumises aux mêmes conditions, et pouvant, comme elles l'ont fait depuis que le chemin de Versailles est ouvert, réduire et relever leurs prix du jour au lendemain, selon qu'elles le jugent convenable, il y a injustice à astreindre le chemin de fer à des restrictions dont ses concurrens sont entièrement affranchis. Il est bon d'ajouter que cette concurrence des voitures ordinaires que l'on croyait possible, en 1836, avant d'avoir vu fonctionner régulièrement un chemin de fer aux environs de Paris, n'est qu'un fait transitoire : du jour où un chemin de fer est établi entre deux villes, c'est une illusion que de songer à maintenir les anciens modes de transport pour les voyageurs; le seul avantage de la rapidité du trajet est tel que, même à prix égal, on abandonnera les voitures ordinaires, et que ce qui restera de leur ancienne clientelle sera insuffisant pour couvrir leurs frais. Quand on autorise un chemin de fer, on décide implicitement que les voitures ordinaires cesseront de fonctionner dans la même direction. S'il en était autrement, il ne serait pas possible d'admettre que les capitaux considérables qu'exigent la construction et l'exploitation des chemins de fer pussent être fournis, soit par les compagnies, soit par l'état.

Nous demandons, Monsieur le Ministre, que les deux chemins de fer de Versailles *aient toujours la faculté de réduire leurs prix*, avec cette restriction que tout prix réduit *ne pourrait être relevé que trois mois après le jour où la réduction aurait été établie.*

CONTRIBUTIONS INDIRECTES.

Dès que le chemin de fer de Saint-Germain a été ouvert, l'administration des contributions indirectes nous a fait payer 11 p. 0/0 sur toutes nos recettes brutes; les frais d'exploitation ayant été de 52 p. 0/0, il en résulte que nous avons dû verser au trésor 23 0/0 de nos produits nets. Par une loi, votée en 1838, cette proportion a été changée; la perception ne s'opère que sur la partie du tarif applicable aux frais de transport. Cet impôt représente encore pour nous, en supposant que la proportion des frais reste la même, 8 ou 10 p. 0/0 des recettes nettes, et il doit être payé avant l'intérêt et l'amortissement des capitaux avancés par les actionnaires et les prêteurs.

Lorsque le projet de loi, qui a eu pour effet de modifier les bases de l'ancienne perception, a été soumis à la chambre des députés, la commission qui a été chargée de son examen a proposé la suppression entière de l'impôt pendant un temps limité; la Chambre n'a pas cru devoir, à cette époque, accorder au-delà de ce qui était demandé par le gouvernement. Nous vous prions, Monsieur le Ministre, d'affranchir les chemins de fer de cette charge onéreuse. On ne saurait assimiler le transport par chemins de fer au transport qui s'effectue sur les routes ordinaires. Les compagnies de chemins de fer sont non seulement tenues d'effectuer, comme les entreprises de messageries, toutes les dépenses relatives au transport, mais elles ont de plus à leur charge, d'abord la confection, puis l'entretien permanent du chemin sur lequel elles circulent. L'impôt du 10e sur les voitures publiques a eu pour but de remplacer l'ancien droit des barrières sur les routes; il indemnise en partie l'état de la perte de ce droit, c'est-à-dire, des dépenses qu'il fait pour établir et assurer la viabilité des routes, c'est le prix, et un prix faible, en réalité, d'un service rendu. Les chemins de fer, établis et réparés aux frais des compagnies particulières, ne sauraient être passibles des mêmes droits; et d'ailleurs, le service du chemin de fer est un service public, obligatoire pour la compagnie, lors même qu'il ne présenterait que des pertes : une entreprise de messageries peut cesser entièrement son service, un chemin de fer ne le peut pas, la loi le lui défend; et, de plus, après l'expiration du terme de la concession, tous les travaux font retour à l'état. Rien de semblable n'est imposé aux compagnies de transport ordinaire. Nous vous prierons de remarquer, d'ailleurs, que l'administration des postes, qui n'effectue qu'un service facultatif, n'est pas soumise, pour le transport des voyageurs, à l'impôt contre lequel nous réclamons.

CONTRIBUTIONS FONCIÈRES, DES PATENTES, ETC.

Par les motifs que nous venons d'avoir l'honneur de vous exposer, Monsieur le Ministre, nous demandons la suppression des contributions foncières, des portes et fenêtres et des patentes sur les chemins de fer et leurs dépendances; nos cahiers de charges nous mettent au lieu et place de l'état pour tout ce qui a rapport à nos constructions; nous ne saurions cesser de conserver cette position précisément au moment où nous avons complété tous nos sacrifices, lorsque, en un mot, nous avons soldé toutes les dépenses qui nous avaient été imposées et dont le public doit avant tout profiter. Nous le répétons, nous ne sommes, pour notre exploitation, que temporairement substitués à l'état; les chemins de fer sont chargés d'un service public, et, à ce titre, ils ne doivent pas être soumis aux contributions ordinaires.

REDEVANCES MUNICIPALES ET DROITS D'OCTROI.

Nos deux chemins de fer ayant été au nombre de ceux qui, les premiers, ont été exploités, nous avons dû être exposés aux réclamations de toutes les administrations publiques : la ville de Paris nous a actionnés devant le conseil de préfecture pour avoir à lui payer une redevance annuelle pour salaires des employés chargés de la perception et de la surveillance des taxes de l'octroi près de nos établissemens : nous avons refusé de nous soumettre à cette prétention. La pénétration de notre chemin dans Paris est autorisée en vertu d'une loi; nous avons ouvert une nouvelle barrière au même titre que l'état aurait pu le faire pour le percement d'une route royale qui aurait été légalement établie. Ce litige n'a pas encore été vidé; la ville de Paris, après un examen plus approfondi, renoncera sans doute à sa demande. La ville de Versailles nous avait adressé, dans l'origine, une réclamation analogue à celle de la ville de Paris; mais, sur les simples observations que nous lui avons faites, elle n'a pas cru devoir insister : nous pensons, toutefois, qu'il est important pour les chemins de fer, en général, que les droits des villes et des compagnies soient à cet égard régulièrement établis.

Nous invoquerons à cette occasion un précédent qui mérite de fixer l'attention de l'administration : dans son rapport sur les chemins de fer, présenté aux chambres belges, voici comment s'exprimait M. Nothomb, ministre des travaux publics : « Dans le principe, les stations

« ont été établies à proximité des villes, mais extérieurement à leur en-« ceinte. Ce choix des emplacemens était motivé sur deux considéra-« tions principalement : on voulait d'abord que le chemin de fer restât « affranchi des taxes locales et de la gêne inséparable de leur per-« ception ; on voulait aussi ne pas grever le chemin de fer des frais « souvent fort élevés, que comporte l'établissement des stations in-« térieures, et amener les villes à offrir leur concours pour l'établisse-« ment de ces stations.

« Aujourd'hui plusieurs stations intérieures sont établies ou arrê-« tées en principe... Les inconvéniens ont été réduits à rien ou sensi-« blement atténués par les conventions faites avec les administrations « communales, conventions qui placent les stations à toujours en « dehors du régime de l'octroi, et imposent, le plus souvent, aux « villes l'obligation d'entrer dans la dépense, soit directement, soit « en fournissant les terrains gratuitement ou à des prix inférieurs « à leur valeur vénale (1). »

En matière d'octroi, nous avons encore eu d'autres réclamations à subir : nos magasins de charbon et de coke étaient établis dans les Batignolles, et cette commune avait exigé la perception du droit d'octroi sur toute la consommation du chemin, tandis que notre consommation s'effectuait ou dans les gares de Paris et du Pecq ou dans le parcours du chemin. Toutes les réclamations que nous avons faites à cet égard ayant été repoussées, nous avons été obligés, pour nous soustraire à cette charge onéreuse et injuste, d'abandonner tous nos magasins des Batignolles et d'en faire établir de nouveaux au Pecq. Vous comprendrez, monsieur le Ministre, qu'il est indispensable qu'un règlement nouveau intervienne sur ce point, et que le coke et le charbon consommés sur les chemins de fer soient désormais affranchis de tous droits d'octroi.

(1) Rapport de M. Nothomb du 12 novembre 1839, page 31.

SALAIRES DES COMMISSAIRES DE POLICE ET DE LEURS AGENS.

Par une interprétation de nos cahiers des charges, que nous croyons mal fondée, nous avons été tenus jusqu'à ce jour de payer les salaires et frais des commissaires de police et de leurs agens près du chemin de fer. Ces commissaires et leurs agens ne nous dispensent, en aucune manière, des dépenses de surveillance et de garde de nos chemins et de nos établissemens. Cette surveillance constitue notre police spéciale, et elle est tellement importante pour notre service que nous y consacrons des sommes considérables. Cette police est exercée par des agens choisis par nous et qui, d'après les lois de concession, peuvent être et sont en grande partie assermentés. C'est cette police qui seule est nécessairement à notre charge. Quant à la police publique, qui s'exerce au chemin de fer comme à l'égard de tous les établissemens publics et privés, elle ne saurait équitablement être payée par nous; nous pouvons d'ailleurs, Monsieur le ministre, nous appuyer de l'opinion de M. le ministre de l'Intérieur qui, à la date du 2 septembre, nous faisait l'honneur de nous écrire qu'il était disposé *à adopter la base de notre réclamation et à penser que les frais des commissaires spéciaux et des agens de surveillance établis dans l'intérêt de la police générale et étrangère au service matériel des chemins de fer ne devaient pas nous être exclusivement imposés.*

Nous vous prions, Monsieur le ministre, d'affranchir tous les chemins de fer de cette charge dont l'importance devrait s'accroître en raison de la longueur des lignes.

DROITS D'ENREGISTREMENT ET DE TIMBRE.

L'administration de l'enregistrement et des domaines exige de la compagnie des droits d'enregistrement et de timbre, pour tous les immeubles acquis à l'amiable, sans avoir été préalablement soumis à la déclaration d'utilité publique, dans les formes voulues par l'article 11 de la loi du 7 juillet 1833 dans le cas même où ils sont employés aux travaux des chemins de fer. La compagnie demande l'exemption de ces droits sur les portions de terrain qui, par suite de modification dans le tracé ou d'élargissement, font partie du chemin ou de ses dépendances, bien qu'elles ne soient pas indiquées aux plans primitifs ni comprises dans les arrêtés préfectoraux, l'acquisition amiable dispensant de toute formalité d'expropriation. Elle demande, en outre, que pour les terrains ou propriétés dont elle a fait l'acquisition entière et qui ne se trouvent pas, après la prise du chemin de fer, être réduits à moins de dix ares, il lui soit tenu compte, pour la perception des droits, de la dépréciation que l'immeuble a éprouvée par suite du morcellement.

RESTITUTION DES SOMMES PAYÉES.

Les observations que nous venons d'avoir l'honneur de vous soumettre sont le résultat de l'expérience que nous avons été dans le cas de faire. Les charges que nous avons été obligés de subir ont été la cause première du discrédit qui a frappé toutes les entreprises de chemins de fer, et qui a arrêté subitement l'essor de cette industrie. Pour encourager les compagnies financières à exécuter des travaux publics, il importe, avant tout, de faire disparaître les charges qu'on leur a imposées; mais vous comprendrez, Monsieur le Ministre, que si, comme nous n'en doutons pas, le gouvernement croyait juste d'affranchir désormais les chemins de fer des taxes et des redevances que nous venons de vous signaler, il ne serait pas équitable que, par suite de la célérité et de l'exactitude que nous avons apportées à l'exécution de nos engagemens, nous fussions placés dans des conditions plus défavorables que toutes les autres entreprises de chemins de fer. Nous demandons, en conséquence, que les sommes que nous avons payées pour les contributions directes et indirectes, pour l'enregistrement, pour les frais de police, ainsi que pour droits d'entrée sur les machines locomotives, nous soient restituées.

RESTITUTION DES CAUTIONNEMENS.

La Compagnie de la rive droite a encore à la caisse des dépôts et consignations un cautionnement de 4,800 fr. de rente 3 pour cent, et celle de Saint-Germain de 3,000 fr. de rente 5 pour cent; le capital représenté par ces deux cautionnemens est d'environ 200,000 fr. Nous demandons à être autorisés à en opérer le retrait. Nous avons effectué et payé des travaux pour une somme trois fois plus forte que celle des devis primitifs. C'est une rigueur inutile que de détenir, en outre, une somme importante, lorsque nous avons plus que rempli les engagemens que nous avions pris. On rend les cautionnemens aux compagnies qui n'exécutent pas, il n'y a pas de raisons plausibles pour retenir le nôtre, lorsque surtout nous sommes obligés d'emprunter pour achever les travaux entrepris. Au surplus, le gage qui résulte des dépenses déjà faites est suffisant pour assurer le recours que l'état pourrait avoir à exercer contre nous, s'il jugeait que nous n'eussions pas satisfait aux obligations que nous avons contractées.

SUBVENTION DE 270,000 FRANCS POUR LE DÉTOURNEMENT D'UNE ROUTE ROYALE.

Les ouvrages d'art que nous avons établis à grands frais sont terminés; il ne nous est désormais plus possible d'obtenir des réductions sur ce chapitre important de nos charges; nous pensons, toutefois, que vous croirez juste de nous affranchir de la subvention de 270,000 fr. que le cahier des charges nous a obligés à verser au trésor pour le détournement d'une route royale. Lorsque cette charge nous a été imposée, on pensait que nous en trouverions l'indemnité dans les avantages inhérens à l'entreprise. Ces avantages ont été en grande partie détruits par le fait de la puissance publique. Est-il juste qu'elle nous laisse les charges après nous en avoir enlevé la compensation? Nous demandons en conséquence que les 135,000 fr., formant la moitié de cette somme, déjà déposés par nous à la caisse des consignations, nous soient rendus.

GARES D'ÉVITEMENT ET STATIONS.

Le cahier des charges de Saint-Germain prescrit l'établissement de cinq gares d'évitement sur un parcours de 18,600 mètres, et celui de Versailles réclame 6 gares sur un parcours de 18,800 mètres. L'expérience nous a fait reconnaître non seulement l'inutilité, mais même le danger de ces gares : pour garer les convois, dans la rigueur de l'expression, il faut les faire sortir de la voie de circulation au moyen de rails mobiles qui permettent de changer partiellement la direction de la voie. Ces tournans ou croisemens de voie, lorsqu'ils sont placés dans le sens de la circulation, peuvent occasionner les accidens les plus graves : nous en avons été tellement convaincus, que, lorsque le chemin de Saint-Germain n'était exploité que sur une seule voie, nous nous sommes privés du bénéfice d'un double service, au moment où l'attrait de la nouveauté nous obligeait à refuser des places au public, afin de ne pas courir le danger d'une gare d'évitement au milieu du chemin. A la place des gares d'évitement que nous avions projetées, nous avons, près de plusieurs communes intermédiaires, fait stationner les convois sur la voie de circulation pour le service des voyageurs : mais plusieurs autres communes demandent à être desservies de la même manière, de sorte qu'au lieu de trois stations, nous en aurions six au moins sur le chemin de Saint-Germain et autant sur celui de Versailles. L'avantage des chemins de fer, la célérité, disparaîtrait ainsi presque complétement et la circulation générale du chemin serait sacrifiée à des exigences de localité, souvent sans intérêt pour les communes qui en auraient réclamé le bénéfice. En Belgique, les lignes de chemins de fer livrées à la circulation ont une longueur totale de 309,000 mètres; en y comprenant toutes les têtes d'embranchemens, il y a pour tout ce parcours quarante-deux gares destinées au service des voyageurs, cela représente moyennement deux gares pour 14,800 mètres; sur le chemin de Saint-Germain nous avons, en y comprenant également les deux points extrêmes, cinq gares affectées au même service pour un parcours de 18,600 mètres. Notre proportion est, par conséquent, deux fois plus forte qu'en Belgique, et l'on n'est pas encore satisfait. Nous demandons, Monsieur le Ministre, à être affranchis des gares d'évitement, et à conserver le droit de faire stationner nos convois seulement aux points où la sûreté et l'économie de notre service le réclameront.

Nous avons dû, monsieur le Ministre, vous soumettre toutes les réclamations de détail que l'expérience nous a indiquées. Nous les résumerons toutes dans la demande d'une protection efficace en faveur d'une industrie qu'il importe au pays d'encourager. Les chemins de fer sont placés en France dans des conditions tout exceptionnelles; le fer, le charbon, les machines sont, chez nous, à des prix plus élevés qu'en Belgique et en Angleterre; en Belgique et en Angleterre, les routes ordinaires sont soumises à la taxe des barrières; en France, les routes ordinaires sont gratuitement livrées à la circulation : cette double circonstance place dès-lors nos chemins de fer dans des conditions doublement désavantageuses relativement aux chemins étrangers, puisque, d'une part, les matières premières nécessaires à la confection et à l'exploitation de ces lignes sont plus chères, et que, d'autre part, le prix des transports est nécessairement réduit dans une plus forte proportion par la concurrence sans péage des routes ordinaires.

Pour obtenir les résultats que le pays doit attendre des chemins de fer, nous pensons qu'il est urgent de les placer dans des conditions économiques plus favorables. Au lieu d'organiser, dès le début d'une industrie naissante, la concurrence et la lutte entre toutes les lignes de chemins de fer, il est instant au contraire de combiner leur action afin d'utiliser, au profit de chacune d'elles et du public, les capitaux et les forces qui y sont employés.

Les réclamations que nous vous adressons, monsieur le Ministre, ne sont pas seulement dictées par l'intérêt des actionnaires et des prêteurs que nous représentons, elles sont aussi conformes à l'intérêt de l'industrie des chemins de fer en général. Nous apportons ici au profit de tous le tribut d'une expérience que nous avons faite à nos dépens. Les charges dont nous demandons à être affranchis sont celles qui grèvent les chemins de fer faits et à faire. C'est sous ce double point de vue que nous vous prions, monsieur le Ministre, d'envisager les demandes que nous résumerons ainsi :

Utiliser les travaux des chemins de fer de Saint-Germain et de Versailles et leur matériel de transport, qui représentent un capital de

28 millions et demi (1), au service des lignes qui peuvent s'y rattacher avec avantage;

Élever les tarifs et augmenter les facilités d'exploitation;

Supprimer les contributions indirectes, les contributions foncières, des patentes, etc.;

Établir, à l'égard des octrois des villes, les droits des chemins de fer considérés comme entreprises d'utilité publique;

Affranchir les Compagnies des frais de la police publique;

Modifier, dans les cahiers des charges, les clauses relatives aux gares d'évitement dans l'intérêt de la sécurité publique et de la rapidité du service.

Quant aux deux Compagnies que nous représentons, les seules demandes qui les intéressent spécialement, à savoir : la restitution des cautionnemens et des sommes déjà payées pour impôts et frais de police, et l'affranchissement d'une subvention de 270,000 fr. pour le déplacement d'une route royale, ces demandes se justifient autant par les sacrifices qu'elles ont faits que par les motifs d'équité qui doivent les faire jouir, pour le passé, des suppressions d'impôts et redevances que le gouvernement croira devoir accorder à toutes les entreprises de chemins de fer.

Nous ne pouvons pas douter, au surplus, que s'il était accordé d'autres immunités à d'autres Compagnies, nous ne fussions admis, à cet égard, à réclamer le bénéfice de l'égalité; toute faveur à laquelle nous ne participerions pas, toute exclusion exercée contre nous, serait pour les Compagnies que nous représentons, une rigueur et une cause de discrédit qu'elles ne croient pas avoir méritée.

Pour ce qui est de la garantie d'un minimum d'intérêt en particulier, si elle était accordée aux actions d'un ou de plusieurs chemins, elle ne pourrait sans injustice ne pas être accordée à celles de tous les autres : sans cela les unes seraient considérées comme des fonds

(1) Aucune compagnie de chemin de fer en France, quelle que soit la longueur des lignes concédées, construites ou en construction, n'a dépensé jusqu'à ce jour la moitié de cette somme, excepté seulement la compagnie du chemin de fer de Saint-Étienne à Lyon qui a déjà consacré à ce travail d'utilité publique un capital de 17 millions et demi.

publics et en auraient tous les avantages, tandis que les autres conserveraient les inconvéniens d'un titre sans caractère public.

Nous croyons d'ailleurs inutile de répéter ici que la loi votée l'an dernier en faveur de la rive gauche place les chemins de la rive droite et de Saint-Germain dans des conditions tout exceptionnelles. Le préjudice que l'intervention de la puissance publique leur a causé appelle sur leurs réclamations une sollicitude toute spéciale de la part du gouvernement et des chambres.

Nous vous soumettrons, monsieur le Ministre, une dernière considération.

Nous avons souscrit le cahier des charges du chemin de Saint-Germain en 1835, celui de Versailles en 1837. Après les malheureux essais qui avaient servi de prélude, en France, à la construction des chemins de fer, il y avait quelque courage peut-être à rentrer les premiers dans la carrière; il y en a certainement eu à exécuter comme nous l'avons fait; et si l'administration reporte ses souvenirs sur les discussions qui ont eu lieu dans les chambres lors de la présentation du chemin de Saint-Germain, elle reconnaîtra que le vif empressement avec lequel ce projet a été accueilli a tenu à ce que l'on y voyait un *spécimen*, une *expérience* propre à éclairer tout le monde.

Ce qu'une telle manière de considérer nos travaux devait nous faire espérer de facilités et d'encouragemens, de bienveillance et de protection, s'est-il réalisé? Jugez-en, monsieur le Ministre. Aujourd'hui, après avoir exécuté sans résistance tout ce qu'il a plu à l'administration de nous imposer d'exorbitant (1), après avoir, dans le chemin de Saint-Germain, réduit nos pentes au tiers de ce qui était autorisé, porté nos courbes au triple de ce qui etait permis; après

---

(1) On avait vu avec surprise, sur le chemin de fer de Saint-Germain, des travaux considérables exécutés sur des routes secondaires pour éviter de légères déviations; sur les routes d'Asnières et de Chatou, par exemple, où l'on nous avait fait construire deux ponts biais coûtant ensemble 136,000 fr., lorsque la dépense aurait pu raisonnablement en être réduite au quart ou au cinquième de cette somme.

Nous étions autorisés à penser qu'instruite par ces résultats, l'administration se

avoir exécuté solidement, et sans aucune fausse économie, après avoir disposé nos travaux de manière à réserver les projets qu'avait conçus l'administration, avons-nous jusqu'à ce jour reçu aucun témoignage de la bienveillance que nous croyons avoir méritée?

En 1839, on a relevé de puissantes compagnies d'engagemens pris par elles à la face du pays avec le concours de la législature, et pour prendre ces engagemens, ces compagnies avaient pu consulter non seulement quatre années de notre expérience, mais aussi quatre années d'expérience de la Belgique et de l'Angleterre, tous les faits accomplis en matière de chemin de fer de 1834 à 1838.

Et tandis que tout leur a été remis, tandis que le ministère et les chambres se sont réunis pour dénouer de si importans et de si solennels contrats, rien ne nous serait concédé !

Tandis que toutes les compagnies de chemins de fer ont été, à des degrés différens, l'objet de faveurs signalées, on se bornerait à nous opposer l'accomplissement même de nos engagemens par nos seuls efforts pour se dispenser d'accueillir nos réclamations!

Il eût donc fallu nous déclarer impuissans pour être soutenus, manquer de courage et de persévérance pour exciter l'intérêt, fermer nos chantiers, congédier deux ou trois mille ouvriers qui les peuplaient, pour obtenir des concessions?

Mais nous ne saurions croire que ce soit là le meilleur moyen de se créer des titres à la bienveillance du gouvernement :

Nous avons exécuté loyalement, largement. Nos deux chemins de Versailles et de Saint-Germain, leurs ateliers, leur matériel font

---

montrerait désormais plus bienveillante à notre égard; nous nous sommes trompés : pour le chemin de fer de Versailles (rive droite), les décisions administratives ont été infiniment plus sévères que pour le chemin de Saint-Germain.

Tandis que, pour un parcours de 18,600 mètres sur le chemin de Saint-Germain, y compris l'entrée dans Paris, il n'avait été imposé que quinze ponts sur les routes et chemins, sur les 18,847 mètres dont se compose le tracé de Versailles depuis Asnières, nous avons dû en établir quarante, indépendamment du pont souterrain sous la route de Nanterre, auquel nous avons été obligés de donner 83 mètres de longueur là où 8 ou 12 mètres au plus auraient pu suffire. Aucune des réclamations fondées sur l'excès de dimension des ouvrages d'art n'a été admise : quelques-uns de nos ponts dépassent même en largeur celle du chemin dont ils rétablissent la communication.

honneur à l'industrie française, à ses ressources, à son activité. A moins que l'on ne veuille à jamais déshériter le pays de tout ce que l'esprit d'association peut lui apporter de force et de prospérité, les entreprises telles que les nôtres doivent obtenir les encouragemens d'un bon gouvernement.

Nous sommes avec respect, monsieur le Ministre,

Vos très-humbles et très-obéissans serviteurs,

Pour les Compagnies des chemins de fer de Paris à Saint-Germain et de Paris à Saint-Cloud et Versailles (rive droite),

LES ADMINISTRATEURS :

Le baron JAMES DE ROTHSCHILD.
SANSON DAVILLIER.
ADOLPHE D'EICHTHAL.
AUGUSTE THURNEYSSEN.
JACQUES LEFEBVRE.
VICTOR LANJUINAIS.
Le baron DE BERTHOIS.
FRANCIS LEFEBVRE.

LE DIRECTEUR :

ÉMILE PEREIRE.

Paris, le 27 janvier 1840.

Imprimerie de P. Dupont et Comp.
rue de Grenelle-St-Honore, 55.

www.ingramcontent.com/pod-product-compliance
Ingram Content Group UK Ltd.
Pitfield, Milton Keynes, MK11 3LW, UK
UKHW020959220726
13924UKWH00002B/794

9 782014 439885